Grillen

heiß geliebtes Sommervergnügen

> Autorin: Annette Heisch | Fotos: Brigitte Sauer

Inhalt

Die Theorie

Die Rezepte

Sommerzeit – Grillsaison

Genießen Sie die Leichtigkeit des Kochens im Freien mit neuen Rezeptideen: Bodenständiges mit Fleisch, Feines mit Fisch oder Raffiniertes mit Gemüse. Würzige Marinaden und schnell gerührte Saucen bringen Abwechslung ins alltägliche Einerlei. Das Brutzeln auf dem Rost macht allen Spaß, denn die Vorbereitungen halten sich in Grenzen, jeder hilft gerne mit und alle freuen sich schon auf das gemeinsame Essvergnügen. Es ist so einfach, sich ein Stückchen mediterranes Lebensgefühl oder einen Hauch von Exotik in den heimischen Garten zu zaubern.
Grillen Sie mit!

Grillgeräte und Zubehör

Holzkohlen-Grill

In einer Glutschale verglühen Holzkohle oder Grillbriketts. Das Grillgut brutzelt auf dem darüber liegenden Rost. Die Palette der angebotenen Grills ist sehr vielfältig. Sie geht vom günstigen Einfachgerät bis hin zum luxuriös ausgestatteten Edelstahlgrill. Für unterwegs gibt es handliche zusammenklappbare Mini-Grills.

Vorteile: sehr variabel, überall einsetzbar.

Nachteil: Die Entwicklung der Glut braucht viel Zeit.

Tipp: Wählen Sie ein Gerät mit verschiedenen Einschubhöhen für den Rost, isolierten Griffen und Windschutz. Die Reinigung sollte unkompliziert sein, achten Sie dabei auf praktisches Entleeren der Asche.

Kugelgrill

Funktion wie beim Holzkohlen-Grill, jedoch mit großräumigem Deckel. Hier ist auch indirektes Grillen möglich: Die Holzkohle befindet sich nicht direkt unter dem Grillgut, sondern nur auf beiden Seiten. Dank des Deckels strahlt die von unten aufsteigende Hitze gleichmäßig auf das Gargut zurück. Diese Methode eignet sich vor allem für größere Fleischstücke.

Vorteile: Kein störender Geruch, geringerer Holzkohleverbrauch, Grillen auch bei Regen möglich.

Wichtig: Beim Anzünden müssen die Lüftungsschlitze offen sein.

Gasgrill

Die nötige Energie wird von einer angeschlossenen Flüssiggasflasche geliefert. Es gibt zwei Gerätetypen: Bei dem einen liegen unter dem Rost Lavasteine, die vom Gasbrenner aufgeheizt werden. Beim anderen sind die Gasflammen unter Winkelstäben aus speziellem emailliertem Stahl.

Vorteile: Nach 10 Minuten Aufheizen einsatzbereit. Regulierbare Temperatur. Keine Anzündgerüche. Einfache Reinigung.

Nachteile: Hoher Anschaffungspreis, weniger typischer Grillgeschmack.

Wichtig: Sie müssen immer genügend Gasflaschen im Vorrat haben. Die Lavasteine sollten gelegentlich in Wasser ausgekocht werden.

Elektrogrill

Das Gerät wird einfach an die Steckdose angeschlossen. Der Rost bekommt die Hitze von den darunter liegenden Heizspiralen. Darunter befindet sich eine Schale mit Wasser zum Schutz vor Überhitzung.

Vorteile: Einfache Handhabung und schnelles Aufheizen. Kein störender Rauch. Auch zum Grillen in der Wohnung geeignet, gegebenenfalls ist ein Umbau zum Tischgrill möglich.

Nachteil: Grillen ist nur an Plätzen mit Steckdose möglich.

Wichtig: Wählen Sie ein Gerät mit geschützten Heizspiralen, damit das Grillgut nicht darauf tropfen kann. Wasser einfüllen nicht vergessen!

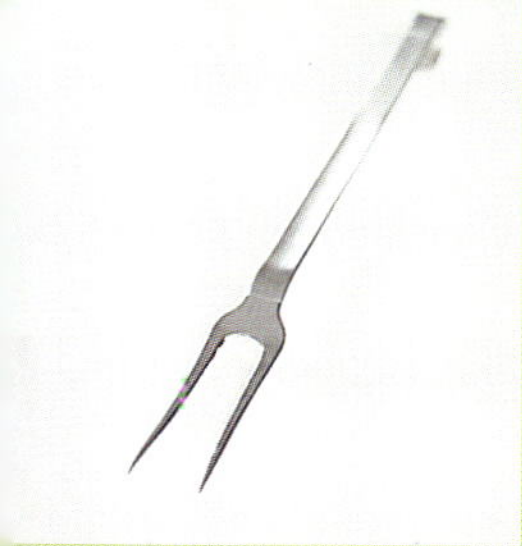

Grillbesteck

Die Zange, die Schaufel und die Gabel mit den extralangen Griffen er-möglichen das Wenden von Fleisch und Co., ohne sich dabei die Finger zu verbrennen.
Wichtig: Hitzeisolierte Griffe.

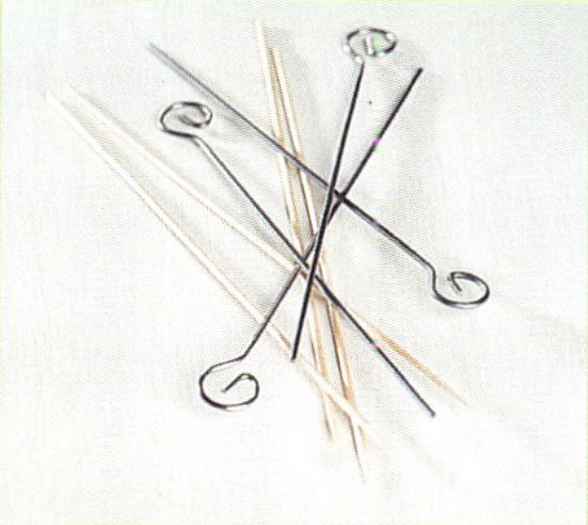

Spieße

Holzspieße sind besonders preiswert, landen aber später auf dem Müll. Metallspieße können immer wieder verwendet werden. Praktisch sind Doppelspieße. **Wichtig:** Holzspieße wässern, Metallspieße einölen.

Pinsel

Zum Bestreichen von Fleisch, Fisch und Gemüse mit Marinade benötigen Sie einen Pinsel. Pinsel während des Grillens am besten in einer Tasse oder einer kleinen Schüssel zusammen mit der Marinade bereithalten.

Fischgitter

Wer öfters ganze Fische grillt, sollte ein spezielles Fischgitter anschaffen. Das Wenden der Fische wird damit zum Kinderspiel.
Wichtig: Messen Sie Ihren Grill genau ab, damit die Gitter auch gut passen.

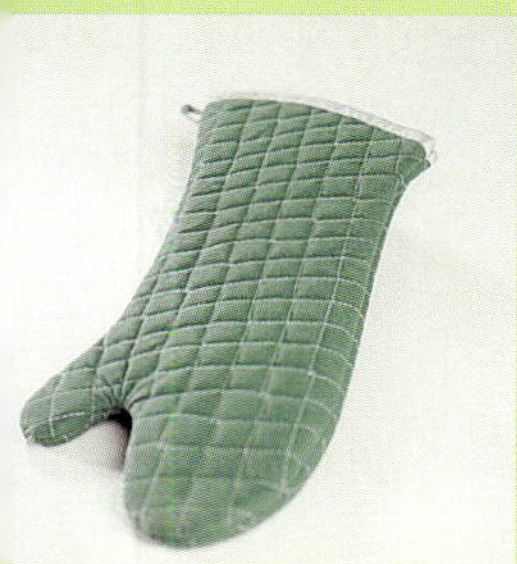

Handschuhe

Vorsicht, heiß und fettig! Ihre Hände müssen geschützt sein, wenn Sie zum Beispiel in der Glut schüren oder heiße Metallspieße umdrehen.
Wichtig: Handschuhe aus Feuer hemmendem Material wählen.

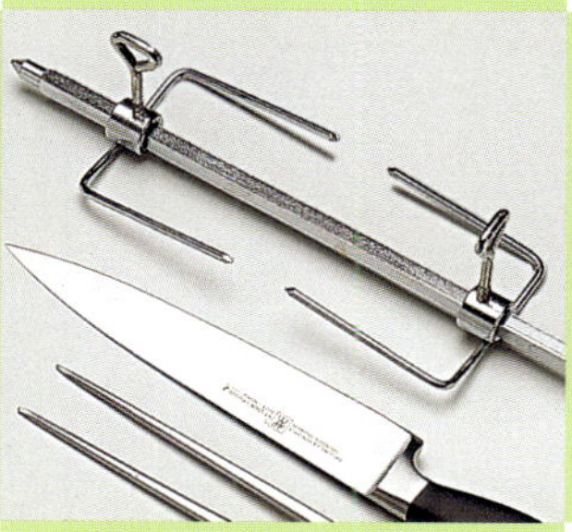

Drehspieß

Ganze Hähnchen oder Rollbraten werden am besten am Spieß gegrillt. Diese müssen ständig gedreht werden, damit sich die Hitze gleichmäßig verteilt. Ein kleiner batteriebetriebener Motor sorgt für den richtigen Dreh.

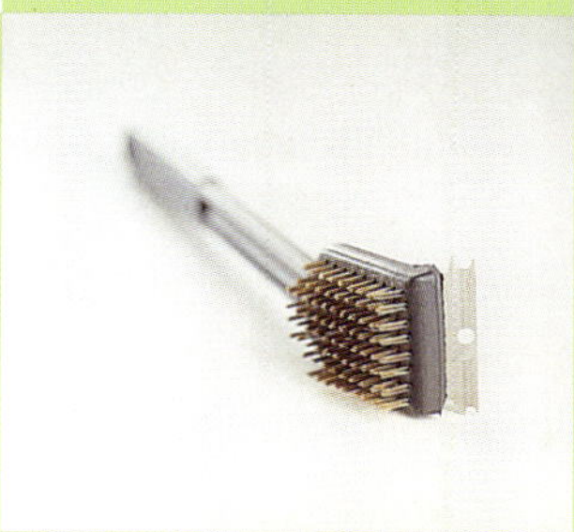

Grillbürste

Spezielle Bürsten mit harten Borsten erleichtern das Saubermachen des Grillrostes.
Wichtig: Zum Anfassen des heißen Rostes Handschuhe anziehen oder warten bis der Rost abgekühlt ist.

Grillanzünder

Es gibt sie in flüssiger Form, als Paste oder Würfel. Die Anzündhilfen auf die kalten Kohlen geben, nie auf brennende. Die Anzündhilfen müssen ganz abgebrannt sein, wenn das Grillgut auf den Rost kommt.

Gesunder Grillgenuss

Wenn es beim Grillen zischt und die Flammen züngeln, dann mag dies zwar die romantische Stimmung anheizen, die Qualität von Fleisch, Fisch oder Gemüse lässt danach allerdings zu wünschen übrig. Vermeiden Sie jede Rauchentwicklung. Rauch entsteht immer dann, wenn Fett auf die Kohlen tropft. Dabei können gesundheitsschädliche Stoffe, wie zum Beispiel das Krebs erregende Benzpyren, entstehen.

1 | Garen mit Alu-Grillschalen

Sie sind einerseits ideal für alles Grillgut, was tropft und auch genau richtig für hitzeempfindliche Stücke. Das abtropfende Fett oder die Marinade sammelt sich in den Rinnen der Schalen und gelangt somit nicht auf die Kohlen.
Positiver Nebeneffekt: Der Rost bleibt schön sauber.
Wichtig: Schalen mit einem hitzefesten Öl (z. B. Maiskeimöl, Sonnenblumenöl) einfetten, damit nichts festklebt. Da die Schalen Hitze abhalten, müssen Sie mit längeren Grillzeiten rechnen.
Tipp: Für intensiveren Grillgeschmack das Grillgut zuerst auf der Schale garen, dann, wenn nichts mehr tropft, kurz auf den eingeölten Rost legen.

2 | Garen im Alupäckchen

Dies ist eine schonende Methode für Gemüse, zarten Fisch oder umhülltes Fleisch.
Wichtig: Das Gargut so verpacken, dass nichts heraustropft. Extrastarke Alufolie oder zwei Lagen Folie nehmen. Die glänzende Seite stets nach innen geben, damit die Hitze nach innen reflektiert wird.

2 *Das Einwickeln in Alufolie kann gut vorbereitet werden.*

3 | Vertikales Grillen

Hierfür benötigen Sie einen speziellen Grill, bei dem die Kohle senkrecht in einen Behälter geschichtet wird. Die Hitze strahlt seitlich auf das Grillgut, das in einen Korb geklemmt, ebenfalls senkrecht steht oder am Drehspieß routiert. So tropft kein Fett auf die Kohlen.

TIPP

Egal für welche Grillart Sie sich entscheiden, zum Grillen ungeeignet ist alles Gepökelte. Sie erkennen es an der rötlichen Farbe. Kasseler, Fleischwurst, Schinkenspeck, Leberkäse oder Bockwurst haben nichts auf dem Rost zu suchen. Bei starker Hitze können sich aus dem im Pökelsalz enthaltene Nitrit Krebs erregende Nitrosamine bilden.

Das Brennmaterial

Wählen Sie zum Grillen das richtige Brennmaterial. Holzkohle und Grillbriketts gibt es zur sommerlichen Grillsaison in jedem Supermarkt, an jeder Tankstelle und in jedem Hobbymarkt zu kaufen. Die Grillbriketts sorgen für eine besonders lang anhaltende Glut und sind immer dann zu empfehlen, wenn Grillgut mit einer längeren Garzeit auf den Rost kommt. Wer nur schnell ein paar Steaks oder Würstchen grillen will, ist auch mit der herkömmlichen Holzkohle gut bedient. Das im Handel angebotene Brennmaterial ist in der Regel ohne schädliche Rückstände. Nicht zu empfehlen sind hingegen selbst gesammeltes Holz oder Papier, hier kann es zu gesundheitsschädlichen Rauchentwicklungen kommen. Wer ein exklusiveres Brennmaterial wünscht, kann auf Kokos-Briketts zurückgreifen. Auch Buchen- oder Rebholz ergeben eine gute Glut, allerdings erst nach mindestens einer Stunde.

Das Anzünden

1

Das Brennmaterial in Pyramidenform einschichten. Grillhilfen wie flüssiger Grillanzünder, kleine Grillwürfel oder Pasten erleichtern das Entfachen des Feuers. Lange Streichhölzer verwenden, es gibt sie als Grill-Kamin-Zündhölzer zu kaufen.

Die gute Glut

2

Sie braucht Luft und Geduld, 1/2 Std. müssen Sie mindestens rechnen. Luft bekommen die brennenden Kohlen am besten durch einen Blasebalg. Eine weiße Ascheschicht auf den glühenden Kohlen gibt das Startsignal zum Grillen.

Der Grillrost

3

Den Rost mit einem hitzefesten Öl bestreichen, so bleibt das Grillgut nicht daran kleben. Der richtige Abstand des Rostes zur Glut: 10 cm. Bei langen Garzeiten erst einen größeren Abstand wählen, zum Schluss den Rost in Richtung Glut umhängen.

Die richtige Garzeit

4

Die angegebenen Grillzeiten sind Orientierungswerte. Sie können je nach Hitze und Dicke des Garguts schwanken. Fisch, Geflügel und Schweinefleisch müssen durchgegart werden. Vor dem Servieren eine Garprobe machen.

Marinieren und Würzen

Die Basiszutaten

- neutrales hitzefestes Öl wie Maiskeimöl, Sonnenblumenöl oder Erdnussöl und ein mildes Olivenöl
- Kräuter, frisch oder getrocknet: Thymian, Rosmarin, Oregano
- Gewürze: schwarzer Pfeffer, Cayenepfeffer Paprikapulver (edelsüß, rosenscharf), Chilipulver
- Würzsaucen: Ketchup, Chilisauce, Tabasco, Worcestersauce
- Senf, Honig, Zitronen, Tomatenmark, Knoblauch

Barbecuesauce

Für 4 Portionen:
150 ml Ketchup
1 EL Rotweinessig
3 TL Worcestersauce
1 TL Honig
1 TL mittelscharfer Senf
1 TL edelsüßes Paprikapulver
1 TL Chilipulver
Salz | Pfeffer
Alle Zutaten gründlich zu einer Sauce verrühren.

Passt zu: Rind- und Schweinefleisch, Geflügel. Die Sauce eignet sich zum Marinieren und Dippen.

Würzmischungen

Jeweils für 8 Portionen:
Karibisch: 1/2 TL gemahlener Piment, 1 EL Thymian, 1/4 TL geriebene Muskatnuss, 1/4 TL Zimt

Indisch: 1/2 TL gemahlener Kreuzkümmel, 1/4 TL gemahlener Koriander, 4 Msp. gemahlene Nelken, 1/4 TL Zimtpulver, 1/2 TL Currypulver

Mediterran: je 1 TL Thymian und Oregano, 1/2 TL Rosmarin

Scharfe Ingwer-Marinade

Für 4 Portionen:
1 Stück frischer Ingwer (etwa walnussgroß)
1 rote Chilischote
4 zerstoßene Pimentkörner
2 EL Limetten- oder Zitronensaft
6 EL Erdnussöl

Ingwer schälen und fein hacken. Chilischote putzen, waschen, trockenreiben und in Ringe schneiden. Alle Zutaten verrühren.

Passt zu: Geflügel, Schweinefleisch, Fisch

Rotweinmarinade

Für 4 Portionen:
1 durchgepresste Knoblauchzehe, 100 ml Rotwein, 4 EL Olivenöl und 1 EL Tomatenmark miteinander verrühren, mit schwarzem Pfeffer abschmecken.
Passt zu: Rind- und Lammfleisch

Thymianöl

Für 4 Portionen:
1 TL getrockneter Thymian, 1 TL Zitronensaft, 5 EL Olivenöl und nach Belieben 1/2 TL rosa Pfefferkörner miteinander verrühren.
Passt zu: Lamm, Geflügel

Zitronenmarinade

Für 4 Portionen:
2 EL Zitronensaft, 1 Msp. abgeriebene Zitronenschale, 1 EL Orangensaft, 3 EL Maiskeimöl und nach Belieben 1/2 TL grob zerstoßene Fenchelsamen verrühren.
Passt zu: Fisch

Sherry-Marinade

Für 4 Portionen:
1 EL trockener Sherry, 2 TL Aceto balsamico, 3 EL Olivenöl und 1/2 TL getrockneter Oregano miteinander verrühren.
Passt zu: Geflügel, Schweinefleisch

Rum-Marinade

Für 4 Portionen:
1 durchgepresste Knoblauchzehe, 5 EL Öl, 2 EL brauner Rum, 1/2 TL Chilipulver, 1/4 TL zerstoßener schwarzer Pfeffer und 2 Msp. Zimtpulver miteinander verrühren.
Passt zu: Steaks

Asiatische Marinade

Für 4 Portionen:
3 EL Sojasauce, 3 EL Geflügelbrühe, 1 EL dunkles Sesamöl, 1/2 TL geriebener frischer Ingwer, 1 durchgepresste Knoblauchzehe, 1 TL Zitronensaft und 1 TL Honig miteinander verrühren.
Passt zu: Schweinefleisch

Saucen, Dips und Co.

Fertigsaucen

Praktisch für den Vorrat, für spontane Grillfeste und für alle, die wenig Zeit haben. Auswahl gibt es im Supermarkt und Feinkosthandel: Ketchup (klassisch, mit Curry, scharf), Cocktailsauce, Knoblauchsauce, Chilisauce, Ajvar (Paprika-Relish). Asialäden und Orientshops bieten außerdem: Satésauce und diverse Chutneys.

Tipp: Fertigsaucen zusätzlich mit frischen Kräutern aufpeppen.

Erdnuss-Sauce

100 g geröstete gesalzene Erdnüsse
40 g feste Kokoscreme
2 EL Öl
je 3 fein gehackte Schalotten und Knoblauchzehen
2 TL Rohrzucker
1/4 l Geflügelbrühe
1 EL Zitronensaft
1 TL Sambal oelek

Nüsse mahlen, Kokoscreme würfeln, Öl erhitzen. Zwiebeln und Knoblauch glasig werden lassen. Alle Zutaten dazugeben und 3 Min. köcheln.

Passt zu: Geflügel, Schweinefleisch, Fisch

Avocadodip

2 reife Avocados
2 EL Zitronensaft
2 gehackte Frühlingszwiebeln
1 durchgepresste Knoblauchzehe
2 EL saure Sahne
Salz | Pfeffer
4 Msp. Cayennepfeffer

Avocados längs halbieren. Steine entfernen. Fruchtfleisch herausheben, mit einer Gabel zerdrücken und mit Zitronensaft mischen. Restliche Zutaten unterrühren.

Passt zu: Rindersteaks, Geflügel

Aioli

2 frische Eigelbe
1/2 TL Senf
Salz
1/4 l mildes Olivenöl oder Sonnenblumenöl
3 Knoblauchzehen
1/2 TL Zitronensaft
Pfeffer, frisch gemahlen

Eigelbe, Senf und Salz cremig rühren. Öl zuerst tropfenweise, dann in dünnem Strahl unterschlagen. Mit durchgepresstem Knoblauch, Zitronensaft und Pfeffer würzen.

Passt zu: Fisch, Gemüse

Cocktailsauce
100 g Mayonnaise, 50 g saure Sahne, 1/2 TL edelsüßes Paprikapulver, Salz, Pfeffer, 4 EL Ketchup, 3 Msp. Cayennepfeffer, 1 TL Zitronensaft und 1 EL Orangenlikör oder -saft miteinander verrühren.

Passt zu: Geflügel, Garnelen

Olivenbutter
75 g schwarze gehackte Oliven, 100 g weiche Butter, Salz, Pfeffer, 2 Msp. abgeriebene Zitronenschale und 2 durchgepresste Knoblauchzehen vermischen. In Folie zur Rolle formen und kühl stellen.

Passt zu: Lamm

Kräuterbutter
100 g weiche Butter, 1 Msp. abgeriebene Zitronenschale mit 1 1/2 EL frischen gehackten Kräutern vermischen, mit Salz und Pfeffer abschmecken. In Folie zur Rolle formen und kühl stellen.

Passt zu: Rind- und Schweinesteaks, Fisch

Tunfisch-Dip
1 Dose abgetropfter Tunfisch, 200 g Crème fraîche, 2 EL Olivenöl, Salz, Pfeffer, 1 TL Senf und 2 EL Zitronensaft pürieren, dann 2 EL Kapern dazugeben.

Passt zu: Geflügel, Gemüse

Grüne Sauce
3 EL gehackte Petersilie, 1 EL gehackter Rucola, 1 gehackte Knoblauchzehe, 6 EL Olivenöl, 2 EL saure Sahne, Salz, Pfeffer und 1 EL Zitronensaft vermischen.

Passt zu: Steaks, Geflügel und Gemüse

Meerrettich-Kresse-Sauce
1 Beet Kresse, 200 g Schmand, Salz, Pfeffer, 3 TL Meerrettich (Glas) und 1/2 TL Zitronensaft mischen.

Passt zu: Fisch

Beilagen-Klassiker

Gegrillte Maiskolben

Für 4 Portionen:
4 Zuckermaiskolben
Salz | Pfeffer
2 EL Maiskeimöl

1 | Die Maiskolben waschen, trockentupfen und in ungesalzenem Wasser zugedeckt 15 Min. vorgaren. Mais abtropfen lassen und trockentupfen.

2 | Mais rundum mit Salz und Pfeffer einreiben und mit dem Öl bestreichen. Die Kolben 10 Min. grillen, ab und zu wenden.

Passt zu: Steaks, Geflügel
Variante: Die rohen Kolben mit 70 g weicher Butter oder Kräuterbutter bestreichen und in Alufolie eingewickelt etwa 40 Min. grillen, dabei öfters wenden. Salzen und pfeffern.

Grillkartoffeln

Für 4 Portionen:
4 mittelgroße vorwiegend fest kochende Kartoffeln (à etwa 200 g)
Salz | Pfeffer
Öl für die Folie

1 | Kartoffeln waschen. Mit einer Gabel mehrmals rundum einstechen. 4 Stücke Alufolie mit Öl bestreichen und die Kartoffeln damit einwickeln.

2 | Die Kartoffeln 50 Min. auf dem Rost grillen, dabei öfters wenden. Kartoffeln auswickeln, kreuzweise einschneiden und am besten direkt aus der Schale löffeln. Salzen und pfeffern.

Passt zu: Steaks, Fisch
Variante: Die eingewickelten Kartoffeln direkt in der Glut garen, das dauert etwa 35 Min.

Knofi-Brot

Für 4–6 Portionen:
2 Knoblauchzehen
100 g weiche Kräuterbutter (aus dem Kühlregal oder nach dem Rezept von S.11)
1 großes Baguette

1 | Den Knoblauch schälen und durch die Presse drücken. Knoblauch unter die Kräuterbutter rühren.

2 | Das Baguette etwa alle 2 cm einschneiden, dabei aber nicht durchschneiden. Die Kräuterbutter in die Einschnitte streichen. Das Brot in Alufolie wickeln und 10 Min. grillen. Gelegentlich wenden.

Passt zu: Fleisch, Fisch, Gemüse

Gegrillte Zwiebeln

Für 4 Portionen:
8 Zwiebeln à 50 g
150 ml Gemüsebrühe
3 EL Zitronensaft
4 1/2 EL Olivenöl
Salz | Pfeffer
2 TL Zucker

1 | Zwiebeln schälen. Gemüsebrühe erhitzen und die Zwiebeln darin zugedeckt bei schwacher Hitze 20 Min. vorgaren. Zitronensaft, Öl, Salz und Pfeffer verquirlen.

2 | Die Zwiebeln abtropfen lassen und halbieren. Mit 1 EL Marinade bestreichen und mit etwas Zucker bestreuen. Von jeder Seite 2 Min. auf dem Rost grillen, danach mit der restlichen Marinade beträufeln.

Passt zu: Steaks und Geflügel

Beilagen-Klassiker

Gegrillte Paprikaschoten

Für 4 Portionen:
4 rote Paprikaschoten
Salz | Pfeffer
1 EL Aceto balsamico
3 EL Olivenöl

1 | Paprika waschen und trockentupfen. Die ganzen Schoten 15 Min. grillen, bis die Haut dunkel wird und Blasen wirft, zwischendurch drehen. Schoten 10 Min. mit einem feuchten Küchtentuch bedecken.

2 | Salz, Pfeffer, Aceto balsamico und Öl verrühren. Paprika enthäuten, halbieren, entkernen und in breite Streifen schneiden. Mit der Marinade beträufeln. Lauwarm oder kalt servieren.

Passt zu: Geflügel, Fisch

Tzatziki

Für 4–6 Portionen:
500 g Sahnejoghurt
1 EL Zitronensaft
1 EL Olivenöl
1 Salatgurke
2 Knoblauchzehen
Salz | Pfeffer

1 | Den Joghurt cremig rühren. Zitronensaft und Öl unterrühren. Die Gurke schälen, längs halbieren und die Kerne entfernen. Das Fruchtfleisch grob raspeln.

2 | Knoblauch schälen, durch die Presse drücken und unter den Joghurt rühren. Die Gurken untermischen. Mit Salz und Pfeffer kräftig abschmecken.

Passt zu: Fleischspießen, Gemüse
Variante: Statt Sahnejoghurt 350 g Vollmilchjoghurt und 150 g Crème fraîche verwenden.

Kartoffelsalat mit Radieschen

Für 4 Portionen:
1 kg fest kochende Kartoffeln
Salz | Pfeffer
1 TL Senf | 5 EL Essig
5 EL Öl
225 ml heiße Gemüsebrühe
1 Bund Radieschen
4 Frühlingszwiebeln
2 EL Schnittlauchröllchen

1 | Kartoffeln waschen und in der Schale garen. Salz, Pfeffer, Senf, Essig und Öl verquirlen. Kartoffeln abgießen, noch heiß schälen und in dünne Scheiben schneiden. Brühe und Salatsauce untermischen. 30 Min. ziehen lassen.

2 | Radieschen waschen, putzen und in Scheiben schneiden. Frühlingszwiebeln putzen, waschen und fein zerkleinern. Alle Zutaten mischen.

Feta-Tomaten

Für 4 Portionen:
4 Tomaten
200 g Feta | Kräutersalz
2 TL Olivenöl
4 kleine Zweige Basilikum
Öl für die Alufolie

1 | Tomaten waschen und trockenreiben, jeweils in etwa 6 Scheiben schneiden. Feta quer in 20 Scheiben schneiden. 4 Stücke Alufolie fetten. Tomaten und Feta abwechselnd darauf schichten. Mit Kräutersalz würzen.

2 | Die Folie zu Päckchen verschließen und 10 Min. grillen, zwischendurch wenden. Päckchen öffnen. Mit Olivenöl beträufeln und mit Basilikumblättchen bestreuen.

Passt zu: Grillkartoffeln, Steaks.

Würziges mit Schwein, Rind und Lamm

Wenn an warmen Sommerabenden das Aroma von gebrutzeltem Fleisch, Thymian, Rosmarin und Knoblauch in der Luft liegt, dann weiß jeder: Die nächste Grillparty kann nicht weit sein. Glücklich, wer an solchen Tagen zum Grillabend eingeladen ist. Wer als Gastgeber selbst am Grill steht, findet hier neben den beliebten Klassikern auch viele neue Ideen.

Blitzrezepte

Lammkoteletts mit Thymian

FÜR 4 PERSONEN

➤ 2 Knoblauchzehen | 12 Lammstielkoteletts à 110 g | Salz | Pfeffer, frisch gemahlen | Thymianöl (S. 9)

1 | Knoblauch schälen und längs halbieren. Koteletts waschen, trockentupfen und auf beiden Seiten mit Knoblauch einreiben, salzen und pfeffern.

2 | Koteletts mit 2 EL Thymianöl bestreichen und 8 Min. grillen, dabei immer wieder wenden und mit dem restlichen Thymianöl bestreichen.

Hamburger

FÜR 4 PERSONEN

➤ 500 g Hackfleisch (Rind oder gemischt) Salz | Pfeffer | 4 Msp. Chilipulver 2 TL Senf | 1 EL Öl | 4 Brötchen 4 gewaschene Salatblätter | 4 Tomatenscheiben | Ketchup und Salatcreme nach Belieben

1 | Hackfleisch mit Salz, Pfeffer, Chilipulver und Senf verkneten. Aus der Masse 4 flache Hamburger formen, mit Öl bestreichen. Brötchen halbieren.

2 | Hamburger pro Seite 4 Min. grillen. Brötchenhälften auf der inneren Seite kurz rösten, dann mit Hamburger und den restlichen Zutaten füllen.

herzhaft | gelingt leicht

Schweinekoteletts mit Biermarinade

FÜR 4 PERSONEN

- 1 Knoblauchzehe
  4 EL Öl
  1 TL mittelscharfer Senf
  4 EL dunkles Bier
  1/2 EL Honig
  Salz | Pfeffer, frisch gemahlen
  1 TL Oregano
  1/2 TL edelsüßes Paprikapulver
  4 Schweinenackenkoteletts à etwa 200 g

Zubereitung: 20 Min.
Marinieren: 4 Std.
Grillen: 12 Min.

- Pro Portion: ca. 385 kcal

1 | Knoblauch schälen und durch die Presse drücken. Knoblauch, Öl, Senf, Bier und Honig verrühren. Marinade mit Salz, Pfeffer, Oregano und Paprika würzen.

2 | Koteletts trockentupfen und mit der Marinade bestreichen. Das Fleisch kühl gestellt 4 Std. marinieren.

3 | Koteletts aus der Marinade nehmen und abtropfen lassen. Abgetropfte Marinade in eine Tasse gießen. Die Koteletts pro Seite 6 Min. grillen und dabei mit der Marinade bestreichen.

- Beilage: Barbecuesauce (S. 8), Kartoffelsalat mit Radieschen (S. 13), Bauernbrot
- Getränk: helles Bier oder Radler

Spezialität aus den USA
Klassiker

Spareribs mit Barbecuesauce

FÜR 4 PERSONEN

- 2 kg Spareribs (Schweinerippchen, beim Metzger vorbestellen)
  Barbecuesauce (doppelte Menge, S. 8)
  2 Orangen
  2 Knoblauchzehen
  1 EL Weinbrand nach Belieben

Zubereitung : 30 Min.
Marinieren: 4 Std.
Grillen: 10 Min.

- Pro Portion: ca. 415 kcal

1 | Die Spareribs in Stücke von etwa 3 Rippen teilen und in einen großen Topf mit kochendem Wasser geben. Zugedeckt bei mittlerer Hitze 20 Min. vorgaren.

2 | Barbecuesauce zubereiten. Orangen auspressen (ergibt etwa 180 ml Saft). Den Knoblauch schälen und durch die Presse drücken. Knoblauch, Saft und Weinbrand unter die Barbecuesauce rühren. Rippchen abtropfen lassen, noch heiß mit der Hälfte der Barbecuesauce übergießen. Kühl gestellt und zugedeckt 4 Std. marinieren.

3 | Spareribs abtropfen lassen und zwischen den Rippen einschneiden. Spareribs 10 Min. grillen, dabei mit etwa 2 EL Barbecuesauce bestreichen und immer wieder wenden. Die restliche Sauce dazuservieren.

- Beilage: Kartoffelsalat (S. 13), gegrillte Maiskolben (S. 12)
- Getränk: helles Bier oder ein trockener Rotwein

im Bild vorne: **Schweinekoteletts mit Biermarinade** *im Bild hinten:* **Spareribs mit Barbecuesauce** ➤

ENUSS

schnell | herzhaft

Pfeffer-Rumpsteaks mit Avocadodip

FÜR 4 PERSONEN

➤ **Avocadodip (S. 10)**
2 EL schwarzer Pfeffer
1 EL Pimentkörner
4 Rumpsteaks à etwa 200 g
2 EL Öl | Salz

Zubereitung: 20 Min.
Grillen: 6–12 Min.
➤ Pro Portion: ca. 740 kcal

1 | Den Avocadodip zubereiten. Pfeffer und Piment grob zerstoßen und auf einen Teller geben. Rumpsteaks waschen, trockentupfen und in der Pfeffermischung wenden, dabei gut festdrücken.

2 | Die Rumpsteaks pro Seite 3–6 Min. grillen, dabei immer wieder mit dem Öl bestreichen. Die Steaks salzen und mit dem Avocadodip servieren.

➤ Beilage: Gegrillte Maiskolben, Grillkartoffeln (S. 12)
➤ Getränk: Rotwein

Spezialität aus Argentinien | scharf

Rinderfiletsteaks mit Chimichurrisauce

FÜR 4 PERSONEN

➤ **Rotweinmarinade (S. 9)**
4 Rinderfiletsteaks à etwa 200 g
1 rote Zwiebel
1 große Knoblauchzehe
2 frische rote Chilischoten
Salz
Pfeffer, frisch gemahlen
4 EL Zitronensaft
4 EL Olivenöl
2 EL gehackte glatte Petersilie

Zubereitung: 20 Min.
Marinieren: 4 Std.
Grillen: 6–12 Min. (s. Tipp)
➤ Pro Portion: ca. 345 kcal

1 | Die Marinade zubereiten. Die Steaks trockentupfen. 2 EL Marinade wegnehmen. Steaks mit der restlichen Marinade übergießen. Zugedeckt 4 Std. kühl gestellt ziehen lassen.

2 | Für die Chimichurrisauce die Zwiebel schälen und fein würfeln. Knoblauch schälen und durch die Presse drücken. Chilischoten putzen, längs halbieren, entkernen, waschen und fein hacken. Salz, Pfeffer, Chilis, Knoblauch, Zitronensaft und Öl verquirlen. Zwiebel und Petersilie unterrühren, 20 Min. ziehen lassen.

3 | Steaks aus der Marinade nehmen und trockentupfen. Pro Seite 3–6 Min. grillen, dabei immer wieder mit der beiseite gestellten Marinade bestreichen. Steaks salzen und mit Sauce servieren.

➤ Beilage: Knofi-Brot, Grillkartoffeln (S. 12), Baguette
➤ Getränk: trockener Rotwein, helles Bier

TIPP

Grillzeiten

Rindersteaks werden nach persönlichem Geschmack gegrillt. Blutig: pro Seite 3 Min.; medium: pro Seite 4 Min., durchgegart: pro Seite 6 Min.

mediterran | gut vorzubereiten

Schweinefilet mit Pesto

FÜR 4 PERSONEN

- 1 großes Bund Basilikum
  2 Knoblauchzehen
  2 EL Pinienkerne
  2 EL frisch geriebener Parmesan
  5 EL Olivenöl
  Salz
  Pfeffer, frisch gemahlen
  2 Schweinefilets (à etwa 300 g)
  8 dünne Scheiben Parmaschinken
  Außerdem: extrastarke Alufolie

Zubereitung: 25 Min.
Ziehen lassen: 30 Min.
Grillen: 35 Min.
- Pro Portion: ca. 405 kcal

1 | Für den Pesto Basilikum waschen, trockenschütteln und die Blättchen abzupfen. Den Knoblauch schälen und grob hacken. Basilikum, Knoblauch, Pinienkerne und Parmesan im Mixer fein zerkleinern. 4 EL Olivenöl zugießen und untermixen. Mit Salz und Pfeffer abschmecken.

2 | Zwei Stücke Alufolie (etwa 30 x 40 cm) auf der glänzenden Seite mit dem restlichen Öl bestreichen. Filets waschen, mit Küchenpapier trockentupfen und rundum mit dem Pesto bestreichen. Jedes Schweinefilet mit 4 Scheiben Schinken umhüllen und einzeln in die Alufolie einwickeln. Das Fleisch 30 Min. kühl stellen und ziehen lassen.

3 | Die Schweinefilets 35 Min. grillen, dabei immer wieder wenden. Das Fleisch 10 Min. auf dem Grill an einer Stelle mit schwacher Hitze ruhen lassen. Die Filets auswickeln und schräg in Scheiben schneiden.

- Beilage: Toskanisches Weißbrot, Senffrüchte
- Getränk: ein kräftiger Rotwein, z. B. ein Chianti

TIPPS

Feigen-Senf-Creme

Zum Schweinefilet mit Pesto passt hervorragend eine Feigen-Senf-Creme: Hierfür 100 g Mascarpone, 1 EL Feigenkonfitüre (ersatzweise Aprikosenkonfitüre) und 3 TL scharfen Senf verrühren. Mit Salz, Pfeffer und 1 TL Zitronensaft abschmecken.

So geht's schneller

Wer wenig Zeit hat, verwendet statt des selbst gemachten Pestos 125 g Pesto aus dem Glas.

Bei Regen

Das Schweinefilet kann bei schlechtem Wetter auch im Backofen zubereitet werden. Hierfür den Ofen auf 200° (Umluft 180°) vorheizen. Die Alupäckchen auf den Rost legen und die Filets 40 Min. garen. Das Fleisch vor dem Servieren 10 Min. ruhen lassen.

Spezialität aus Südfrankreich
gut vorzubereiten

Rosmarin-Lammchops mit Olivenbutter

FÜR 4 PERSONEN

- **8 Lammchops (doppelte Lammkoteteletts à etwa 170 g)**
  Salz
  Pfeffer, frisch gemahlen
  2 Zweige Rosmarin
  7 EL Olivenöl
  Olivenbutter (S. 11)

Zubereitung: 10 Min.
Marinieren: 2 Std.
Grillen: 10 Min.
- Pro Portion: ca. 1550 kcal

1 | Lammchops waschen, trockentupfen und etwas flach klopfen. Fleisch mit Salz und Pfeffer würzen. Rosmarin waschen und trockenschütteln. Die Nadeln abstreifen und fein hacken. Rosmarin und Öl verrühren. Die Chops mit 5 EL Marinade bestreichen. Kühl gestellt 2 Std. ziehen lassen. Die Olivenbutter zubereiten.

2 | Die Lammchops pro Seite 5 Min. grillen, dabei immer wieder mit dem restlichen Öl bestreichen. Die Olivenbutter in Scheiben schneiden und auf dem Fleisch anrichten.

- Beilage: Baguette, Tomatensalat, grüner Salat mit Senfvinaigrette, Grillkartoffeln (S. 12)
- Getränk: südfranzösischer Rotwein, z. B. ein Côtes du Ventoux

Spezialität aus der Karibik | scharf

Pikante Schweinesteaks

FÜR 4 PERSONEN

- **1 Frühlingszwiebel**
  3 Knoblauchzehen
  2 Chilischoten
  1 Stück frischer Ingwer (walnussgroß)
  Karibische Würzmischung (halbe Menge, S. 8)
  2 EL Sojasauce
  3 EL Zitronensaft
  2 TL Rohrzucker
  Salz
  Pfeffer, frisch gemahlen
  4 Schweinelendensteaks à etwa 150 g

Zubereitung: 25 Min.
Marinieren: 4 Std.
Grillen: 12 Min.
- Pro Portion: ca. 240 kcal

1 | Frühlingszwiebel putzen, waschen und grob zerkleinern. Knoblauch schälen und grob zerkleinern. Chilischoten putzen, längs halbieren, entkernen, waschen und in Streifen schneiden. Ingwer schälen und grob zerkleinern. Zwiebel, Knoblauch, Chilis, Gewürzmischung, Sojasauce, Zitronensaft, Rohrzucker, Salz und Pfeffer im Mixer zu einer dicklichen Würzsauce verarbeiten.

2 | Steaks trockentupfen, etwas flach klopfen und mit Sauce bestreichen. Kühl gestellt 4 Std. marinieren. Das Fleisch abtropfen lassen, Würzsauce auffangen. Steaks 12 Min. grillen, zwischendurch wenden und mit Würzsauce bestreichen.

- Beilage: Chilisauce, Tortillachips
- Getränk: fruchtiger halbtrockener Rotwein

im Bild vorne: **Pikante Schweinesteaks** *im Bild hinten:* **Rosmarin-Lammchops mit Olivenbutter** ➤

Leichtes mit Geflügel

Innen zart, außen kross – so schmecken Hähnchen und Co. weltweit am besten. Geflügel vom Grill ist in fast allen Ländern dieser Erde zu Hause, entsprechend vielfältig sind die Rezepte: ob Rosmarinhähnchen wie am Mittelmeer oder knusprige Chicken Wings mit Honigkruste wie in Amerika. So zaubern Sie Urlaubsstimmung, auch im heimischen Garten.

Blitzrezepte

Putenröllchen mit Serranoschinken

FÜR 4 PERSONEN

➤ **8 kleine dünne Putenschnitzel à 50 g | Salz | Pfeffer | 2 TL Senf | 8 dünne Scheiben Serranoschinken | 8 getrocknete weiche Aprikosen | 1 EL Olivenöl | 8 Rouladennadeln**

1 | Schnitzel trockentupfen und flach klopfen. Salzen und pfeffern. Eine Seite mit Senf bestreichen. Schinkenscheiben halbieren. Die Senfseite mit Schinken und Aprikose belegen.

2 | Schnitzel aufrollen, mit Rouladennadeln feststecken. Röllchen mit Öl bestreichen und 10 Min. grillen, ab und zu wenden.

Sherry-Hähnchenbrust

FÜR 4 PERSONEN

➤ **Sherry-Marinade (S. 9) | 4 Hähnchenbrustfilets ohne Haut à etwa 150 g | Salz | Pfeffer**

1 | Marinade zubereiten. Filets waschen, trockentupfen und etwas flach klopfen. Das Fleisch salzen und pfeffern und rundum mit der Marinade bestreichen. Kühl gestellt mindestens 15 Min. ziehen lassen.

2 | Die Hähnchenfilets 10 Min. grillen, zwischendurch wenden.

Klassiker | herzhaft

Rosmarinhähnchen vom Drehspieß

FÜR 4 PERSONEN

- 6 Zweige Rosmarin
  2 Knoblauchzehen
  2 Hähnchen à 1200 g
  Salz | Pfeffer, frisch gemahlen
  8 EL Öl
  1/4 TL rosenscharfes Paprikapulver
  1/2 TL edelsüßes Paprikapulver
  1 EL Tomatenmark
  1 EL Zitronensaft

Zubereitung: 20 Min.
Marinieren: 1 Std.
Grillen: 1 Std.
- Pro Portion: ca. 975 kcal

1 | Rosmarin waschen und trockenschütteln. Von 2 Zweigen die Nadeln abstreifen und fein hacken. Knoblauchzehen schälen und vierteln. Die Hähnchen waschen, trockentupfen, innen und außen mit Salz und Pfeffer einreiben. Jeweils 2 Zweige Rosmarin und 1 geviertelte Knoblauchzehe in die Bauchhöhle der beiden Hähnchen hineinstecken. Die Hähnchen mit Küchengarn so binden, dass Flügel und Keulen nicht abstehen.

2 | Öl, Paprika, Tomatenmark, Zitronensaft und den gehackten Rosmarin zu einer Marinade verquirlen. Das Geflügel mit der Hälfte der Marinade bestreichen und kühl gestellt etwa 1 Std. marinieren.

3 | Hähnchen abtropfen lassen, auf den Drehspieß stecken und befestigen. Die Hähnchen 1 Std. unter ständigem Drehen grillen, dabei immer wieder mit der restlichen Hälfte der Marinade bestreichen.

- Beilage: Kartoffelsalat (S. 13), Brezeln

TIPP

Ohne Drehspieß

Wenn Sie keinen Drehspieß haben: Die Hähnchen halbieren, salzen, pfeffern und mit Marinade bestreichen. Die Hälften mit der Hautseite nach oben 20 Min. grillen, wenden und weitere 25 Min. grillen.

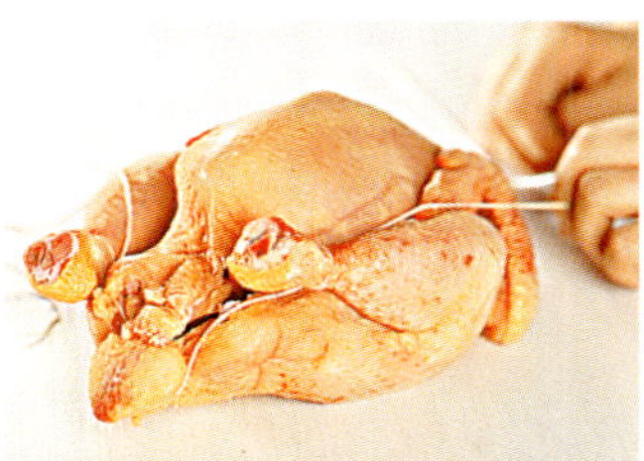

1 **Garn befestigen**
Küchengarn um eine Keule binden

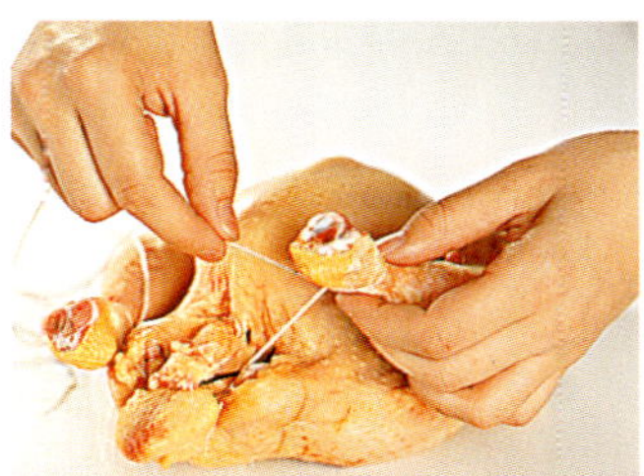

2 **Zubinden**
Unter dem Bürzel Garn zur zweiten Keule führen und festbinden.

3 **Marinieren**
Die Hähnchen mit der Marinade bestreichen.

Klassiker
gut vorzubereiten

Chicken Wings mit Honigkruste

FÜR 4 PERSONEN

- 20 Hähnchenflügel (insgesamt 1500 g)
  Salz
  Pfeffer, frisch gemahlen
  5 EL Ketchup
  5 EL Sojasauce
  1/2 EL Senf
  1 TL Chilipulver
  5 EL Öl
  1 1/2 EL flüssiger Honig

Zubereitung: 20 Min.
Marinieren: 4 Std.
Grillen: 20 Min.
- Pro Portion: ca. 590 kcal

1 | Die Hähnchenflügel waschen, trockentupfen, gegebenenfalls die Spitzen abschneiden. Das Geflügel mit Salz und Pfeffer einreiben. Ketchup, Sojasauce, Senf, Chilipulver und Öl verquirlen. 5 EL Marinade beiseite stellen. Die Flügel mit der restlichen Marinade bestreichen. Kühl gestellt und abgedeckt 4 Std. ziehen lassen.

2 | Flügel etwa 15 Min. grillen, dabei ab und zu wenden und mit 2 1/2 EL der beiseite gestellten Marinade bestreichen. Honig und restliches Öl unter die Marinade rühren. Die Flügel damit bestreichen und weitere 5 Min. unter häufigem Wenden knusprig grillen.

- Beilage: Barbecuesauce (S. 8), Erdnuss-Sauce (S. 10)
- Getränk: Bier

exotisch | scharf

Karibisches Hähnchen

FÜR 4 PERSONEN

- 1 Limette
  7 Pimentkörner
  1 Knoblauchzehe
  2 EL scharfe Chilisauce
  2 TL Rohrzucker
  8 EL Öl
  Salz | Pfeffer, frisch gemahlen
  1 Hähnchen (etwa 1800 g)
  Öl für die Grillschale

Zubereitung: 25 Min.
Marinieren: 2 Std.
Grillen: 30 Min.
- Pro Portion: ca. 760 kcal

1 | Limette waschen und abtrocknen. Die Schale fein abreiben, den Saft auspressen. Piment im Mörser zerstoßen. Knoblauch schälen und durch die Presse drücken. Knoblauch, Chilisauce, Rohrzucker und Öl verquirlen. Mit Salz, Pfeffer, Piment, Limettensaft und -schale würzen.

2 | Hähnchen waschen, trockentupfen und in 8 Teile zerlegen, salzen und pfeffern. 3 EL Marinade beiseite stellen. Geflügel mit restlicher Marinade bestreichen. Kühl gestellt 2 Std. marinieren.

3 | Hähnchen auf die gefettete Grillschale legen. 30 Min. grillen, dabei öfters und mit der beiseite gestellten Marinade bestreichen.

- Beilage: gegrillte Maiskolben (S. 12), Chilisauce
- Getränk: helles Bier

im Bild rechts: **Karibisches Hähnchen** *im Bild links:* **Chicken Wings mit Honigkruste**

Spezialität aus Indien gelingt leicht

Tandoori-hähnchen

FÜR 4 PERSONEN

- 4 Hähnchenbrustfilets ohne Haut à 150 g
- Salz
- 2 EL Zitronensaft
- 300 g Joghurt (3,5 % Fett)
- 1 Stück frischer Ingwer (etwa walnussgroß)
- 3 Knoblauchzehen
- 1/2 TL gemahlener Kreuzkümmel
- 1/4 TL gemahlener Koriander
- schwarzer Pfeffer, frisch gemahlen
- 1 EL Curry, scharf
- Öl für die Grillschale

Zubereitung: 30 Min.
Marinieren: 4 Std.
Grillen: 30 Min.
Pro Portion: ca. 220 kcal

1 | Die Hähnchenbrustfilets waschen und trockentupfen. Jedes Filet quer halbieren. Das Fleisch mehrmals etwa 1/2 cm tief einschneiden, mit Salz und 1 EL Zitronensaft einreiben und beiseite stellen.

2 | Joghurt cremig rühren. Ingwer schälen und fein reiben. Knoblauch schälen und durch die Presse drücken. Ingwer, Knoblauch, restlichen Zitronensaft und Gewürze unterrühren. 2 EL Marinade beiseite stellen. Hähnchen mit restlicher Marinade überziehen, 4 Std. marinieren.

3 | Geflügel abtropfen lassen und auf der gefetteten Grillschale 30 Min. grillen. Einmal wenden, mit der restlichen Marinade bestreichen.

Beilage: Indisches Fladenbrot, Reis, Chutneys

für Gäste | Klassiker

Glasierte Entenbrustfilets

FÜR 4 PERSONEN

- 2 Entenbrustfilets (à 300 g)
- Salz | Pfeffer, frisch gemahlen
- 1 Stück frischer Ingwer (etwa walnussgroß)
- 2 EL trockener Sherry
- 2 EL Sojasauce
- 2 EL Orangenlikör
- 3 Msp. Cayennepfeffer
- 2 EL Öl
- Öl für die Grillschale
- 2 TL Aceto balsamico
- 2 EL Aprikosenmarmelade

Zubereitung: 25 Min.
Marinieren: 4 Std.
Grillen: 20 Min.
Pro Portion: ca. 420 kcal

1 | Die Haut der Filets rautenförmig einschneiden, salzen und pfeffern. Ingwer schälen, reiben und mit Sherry, Sojasauce, Likör und Cayennepfeffer verrühren. Filets mit Marinade bestreichen, mit der Hautseite nach oben in die Marinade legen, 4 Std. ziehen lassen.

2 | Filets abtropfen lassen, Fleischseiten mit 1 EL Öl bestreichen. Filets mit der Hautseite nach unten auf die gefetteten Grillschalen legen. 10 Min. grillen, wenden und weitere 6 Min. grillen. Aceto balsamico, Konfitüre und restliches Öl verrühren. Filets damit bestreichen, pro Seite 2 Min. direkt auf dem Rost knusprig grillen.

Beilage: Chilisauce, Basmatireis, Baguette

im Bild vorne: **Glasierte Entenbrustfilets** *im Bild hinten:* **Tandoorihähnchen**

Feines mit Fisch

Nicht ganz alltäglich, aber kulinarisch höchst genussvoll ist Fisch vom Grill. Hier liegen Sie richtig, wenn Sie Ihren Gästen etwas Besonderes bieten wollen. Lachs oder Schwertfisch und Red Snapper vom Grill kommen auch bei verwöhnten Feinschmeckern gut an. Eines sollten Sie sich jedoch zu Herzen nehmen: Nur festfleischige Fische und Fischfilets eignen sich zum Grillen.

Blitzrezepte

Rotbarsch mit Limettenbutter

FÜR 4 PERSONEN

➤ 100 g weiche Butter | Salz | Pfeffer, frisch gemahlen | 1/4 TL abgeriebene Limettenschale | 1/2 TL Limettensaft 1 EL Schnittlauchröllchen | 4 Rotbarschfilets à 200 g | Öl für die Grillschalen

1 | Butter, Salz, Pfeffer und Limettenschale verrühren. 1 EL Butter beiseite stellen. Limettensaft und Schnittlauch unter die restliche Butter rühren. Zur Rolle formen und in Folie einwickeln und kühl stellen.

2 | Filets mit weicher Butter bestreichen. Auf den eingeölten Grillschalen pro Seite 6 Min. grillen. Limettenbutter dazu reichen.

Seeteufel mit Oliven-Kapern-Sauce

FÜR 4 PERSONEN

➤ 8 schwarze entsteinte Kalamata-Oliven 1 EL abgetropfte Kapern | Salz Pfeffer, frisch gemahlen | 2 Msp. geriebene Zitronenschale | 1/2 TL Dijon-Senf | 2 EL Zitronensaft | 5 EL Olivenöl | 4 Scheiben Seeteufel à etwa 150 g

1 | Oliven und Kapern hacken. Beides mit Salz, Pfeffer, Zitronenschale, Senf, Zitronensaft und 4 EL Öl verrühren.

2 | Fisch mit restlichem Öl bestreichen, auf dem Rost pro Seite etwa 4 Min. grillen. Seeteufel salzen, pfeffern und mit der Sauce servieren.

fruchtig

Red Snapper auf Hawaii-Art

FÜR 4 PERSONEN

- **800 g Red-Snapper-Filets mit Haut (ersatzweise Kaiserbarsch- oder Rotbarschfilets)**
- **2 1/2 EL Limettensaft**
- **2 EL Olivenöl**
- **1 Schalotte**
- **2 Knoblauchzehen**
- **350 g Tomaten**
- **2 EL Mangochutney**
- **2 EL Weißweinessig**
- **einige Spritzer Tabasco**
- **Salz | Pfeffer, frisch gemahlen**

Zubereitung: 20 Min.
Marinieren: 30 Min.
Grillen: 8 Min.
➤ Pro Portion: ca. 285 kcal

1 | Fisch waschen und trockentupfen. 2 EL Limettensaft und das Öl verrühren, die Filets damit bestreichen. 30 Min. kühl gestellt ziehen lassen.

2 | Schalotte schälen und hacken. Knoblauch schälen und fein hacken. Tomaten überbrühen, häuten und fein würfeln. Tomaten, Schalotte, Knoblauch, Mangochutney und Essig verrühren und erhitzen. Offen bei schwacher Hitze 10 Min. kochen lassen. Abkühlen lassen, mit Tabasco, Salz und restlichem Limettensaft abschmecken.

3 | Fischfilets trockentupfen und pro Seite 3–4 Min. grillen. Salzen und pfeffern. Die Filets mit der Tomaten-Mangosauce servieren.

➤ Beilage: Duftreis, Eisbergsalat

scharf | asiatisch

Garnelen mit Ingwer

FÜR 4 PERSONEN

- **2 EL Zitronensaft**
- **4 EL Öl**
- **1 TL frisch geriebener Ingwer**
- **4 Msp. Cayennepfeffer**
- **Salz**
- **Pfeffer, frisch gemahlen**
- **20 ungeschälte rohe Riesengarnelen (etwa 750 g)**
- **1 Frühlingszwiebel**
- **1/2 Bund Koriandergrün (ersatzweise glatte Petersilie)**
- **100 g süßsaure Chilisauce**

Zubereitung: 25 Min.
Marinieren: 1 Std.
Grillen: 6 Min.
➤ Pro Portion: ca. 190 kcal

1 | Zitronensaft und Öl verrühren. Mit Ingwer, Cayennepfeffer, Salz und Pfeffer abschmecken. Die Garnelen bis auf die Schwanzflossen schälen, die Därme entfernen. Garnelen mit der Marinade bestreichen. 1 Std. kühl gestellt marinieren.

2 | Frühlingszwiebel putzen, waschen und fein zerkleinern. Koriandergrün waschen, trockenschütteln und fein hacken. Mit der Zwiebel unter die Chilisauce rühren.

3 | Die Garnelen pro Seite 3 Min. grillen. Mit der Chilisauce servieren.

➤ Beilage: Basmatireis, Krupuk

➤ Getränk: halbtrockener Weißwein

im Bild vorne: Garnelen mit Ingwer *im Bild hinten:* Red Snapper auf Hawaii-Art ➤

gelingt leicht | für Gäste

Gefüllte Kräuter-Forellen

FÜR 4 PERSONEN

- 1 Zwiebel
  3 Knoblauchzehen
  1 Bund glatte Petersilie
  3 EL Öl
  2 EL trockener Weißwein
  Salz | Pfeffer
  4 küchenfertige Forellen (à etwa 300 g)
  1 unbehandelte Zitrone

Zubereitung: 25 Min.
Grillen: 10 Min.
- Pro Portion: ca. 230 kcal

1 | Die Zwiebel schälen und würfeln. Den Knoblauch schälen und fein hacken. Die Petersilie waschen, trockenschütteln und fein hacken. 1 EL Öl in einer Pfanne erhitzen. Zwiebel und Knoblauch glasig werden lassen. Den Wein dazugießen und einmal aufkochen lassen. Abkühlen lassen. Mit Petersilie, Salz und Pfeffer würzen.

2 | Die Forellen innen und außen mit kaltem Wasser abbrausen, dann mit Küchenpapier trockentupfen. Innen und außen mit Salz und Pfeffer einreiben. Die Fische mit der Zwiebelmischung füllen. Die äußeren Seiten mit dem restlichen Öl bestreichen. Die Zitrone heiß waschen, abtrocknen und in Viertel schneiden.

3 | Die Forellen auf jeder Seite 5 Min. grillen. Mit den Zitronenvierteln servieren.

- Beilage: Grillkartoffeln (S. 12) oder Pellkartoffeln, Kräuterbutter (S. 11), Blattsalat, Möhrensalat
- Getränk: Trockener Weißwein, z. B. Riesling
- Variante:

  Makrele

  Statt Forellen eignen sich auch ganze küchenfertige Makrelen für dieses Rezept.

TIPPS

Ganze Fische grillen

Die ganzen Fische jeweils einzeln in spezielle Fisch-Grillkörbe geben oder mehrere zusammen in klappbare Grillroste legen. Wer beides nicht hat, grillt die Fische auf dem eingeölten Rost und dreht sie vorsichtig mit Hilfe eines langen Metallspatels um.

Bei Regen

Falls es regnet, können Sie die Fische auch prima im Backofen zubereiten. Hierfür den Backofengrill vorheizen und die Fische auf den Rost legen, diesen auf die Fettpfanne setzen. Die Fische pro Seite auf der mittleren Schiene 5–6 Min. grillen.

Spezialität aus Spanien | schnell

Gegrillte Rotbarben

FÜR 4 PERSONEN

- **4 kleine Zweige Rosmarin**
  4 Zweige Thymian
  4 küchenfertige Rotbarben à etwa 250 g
  Salz
  4 EL Olivenöl
  4 Zitronenschnitze

Zubereitung: 10 Min.
Grillen: 10 Min.
- Pro Portion: ca. 240 kcal

1 | Rosmarin und Thymian waschen und trockenschütteln. Rotbarben waschen und trockentupfen. Fische innen und außen salzen, je einen Rosmarin- und Thymianzweig in den Bauch stecken. Außen mit dem restlichen Öl bestreichen.

2 | Die Fische pro Seite etwa 5 Min. grillen. Rotbarben mit Zitrone servieren.

- Beilage: Aioli (S. 10), Weißbrot, gegrillte Paprika (S. 13)
- Getränk: trockener Weißwein, z. B. Rioja

TIPP

Blitz-Aioli

Wer keine Zeit hat, Aioli selbst zuzubereiten, nimmt 250 g fertig gekaufte Mayonnaise und schmeckt sie mit etwas Zitronensaft und 2–3 durchgepressten Knoblauchzehen ab.

exotisch | schnell

Lachssteaks mit Papaya-Paprika-Salsa

FÜR 4 PERSONEN

- **5 EL Zitronensaft**
  abgeriebene Schale von 1/4 unbehandelten Zitrone
  1 1/2 EL Olivenöl
  4 Lachssteaks à etwa 200 g
  3 Frühlingszwiebeln
  1 kleine Papaya (400 g)
  1 kleine rote Paprikaschote (150 g)
  1 EL glatte Petersilie
  Salz | Pfeffer
  Cayennepfeffer

Zubereitung: 20 Min.
Grillen: 10 Min.
- Pro Portion: ca. 480 kcal

1 | 1 EL Zitronensaft, Zitronenschale und das Olivenöl verrühren. Lachssteaks waschen, trockentupfen und mit der Marinade bestreichen. 15 Min. kühl stellen.

2 | Frühlingszwiebeln putzen, waschen und fein zerkleinern. Papaya schälen, halbieren und entkernen. Fruchtfleisch fein würfeln. Paprika halbieren, entkernen, waschen und in feine Würfel schneiden. Zwiebeln, Papaya, Paprika, Petersilie und restlichen Zitronensaft mischen. Mit Salz, Pfeffer und Cayennepfeffer würzen.

3 | Lachskoteletts pro Seite 5 Min. grillen. Salzen und pfeffern. Die Papaya-Paprika-Salsa dazuservieren.

- Beilage: Baguette, pikanter Reissalat, gegrillte Zwiebeln (S. 12)
- Getränk: trockener Weißwein, z. B. Chardonnay, helles Bier

im Bild vorne: **Gegrillte Rotbarben** *im Bild hinten:* **Lachssteaks mit Papaya-Paprika-Salsa**

Spezialität aus der Karibik | scharf

Tunfischsteaks mit feuriger Tomatensauce

FÜR 4 PERSONEN

- 2 EL Öl
- 4 EL Limettensaft
- 3 Msp. gemahlener Koriander
- Pfeffer, frisch gemahlen
- 4 Tunfischsteaks à 200 g
- 600 g Tomaten
- 2 kleine rote Chilischoten
- 1 große Knoblauchzehe
- 3 Frühlingszwiebeln
- Salz
- 1 Prise Zucker

Zubereitung: 25 Min.
Marinieren: 30 Min.
Grillen: 8 Min.
Pro Portion: ca. 520 kcal

1 | Öl, 1 EL Limettensaft, Koriander und Pfeffer verrühren. Tunfisch waschen, trockentupfen und mit der Marinade bestreichen. Kühl gestellt 30 Min. marinieren.

2 | Tomaten kurz überbrühen, häuten und die Stielansätze entfernen. Fruchtfleisch klein würfeln. Chilischoten putzen, längs halbieren, entkernen, waschen und fein hacken. Knoblauch schälen und durch die Presse drücken. Frühlingszwiebeln putzen, waschen und fein zerkleinern. Tomaten, Chilis, Zwiebeln und Knoblauch mischen. Mit Salz, Pfeffer, Zucker und restlichem Limettensaft abschmecken.

3 | Tunfischsteaks pro Seite 4 Min. grillen, salzen. Mit Tomatensauce servieren.

Beilage: Reis, Tortillachips

mediterran
gut vorzubereiten

Schwertfisch mit Melonensalsa

FÜR 4 PERSONEN

- 4 Scheiben Schwertfisch à etwa 200 g
- Zitronenmarinade (S. 9)
- 400 g Wassermelone
- 1/2 unbehandelte Salatgurke (200 g)
- 2 Schalotten
- 2 Knoblauchzehen
- 1/2 Bund Basilikum
- 4 1/2 EL Zitronensaft
- Salz | Pfeffer
- Cayennepfeffer

Zubereitung: 20 Min.
Marinieren: 30 Min.
Grillen: 8 Min.
Pro Portion: ca. 280 kcal

1 | Den Fisch mit der Marinade bestreichen und 30 Min. kühl stellen. Die Melone schälen und entkernen. Fruchtfleisch in kleine Würfel schneiden. Gurke waschen, längs halbieren, entkernen und fein würfeln. Schalotten schälen und fein hacken. Knoblauch schälen und durchpressen.

2 | Das Basilikum waschen und klein schneiden. Melone, Gurke, Schalotten, Knoblauch, Basilikum und Zitronensaft mischen. Mit Salz, Pfeffer und Cayennepfeffer würzen.

3 | Fisch pro Seite 4 Min. grillen. Salzen und pfeffern. Mit Melonensalsa servieren.

Beilage: Baguette, Grissini
Getränk: Weißer Burgunder

im Bild vorne: **Tunfischsteaks mit feuriger Tomatensauce** *im Bild hinten:* **Schwertfisch mit Melonensalsa**

Vegetarische Köstlichkeiten

Kartoffeln vom Grill hat jeder schon mal gegessen, als Beilage zum Steak. In diesem Kapitel wird Vegetarisches zur Hauptsache erklärt. Gemüse, Kartoffeln, Käse – daraus lassen sich feine Gerichte bereiten, die für Überraschungen sorgen. Vorsichtige Gemüter können ja erst mal mit der halben Rezeptmenge beginnen und als sie Vorspeise servieren.

Blitzrezepte

Knusprige Kürbisspalten

FÜR 4 PERSONEN

➤ 1 kg Muskatkürbis | 6 EL Olivenöl | 1 durchgepresste Knoblauchzehe | Salz | Pfeffer | 1/4 TL gemahlener Piment | 2 TL Rohrzucker | 2 TL Aceto balsamico

1 | Kürbis entkernen und in 1 cm breite Spalten schneiden. Mit 1 EL Öl bestreichen. Restliche Zutaten verquirlen.

2 | Spalten pro Seite 7 Min. grillen. Mit Würzöl bestreichen und pro Seite in 1 Min. knusprig grillen. Dazu passt Kräuterbutter.

Grilltomaten mit Mozzarella

FÜR 4 PERSONEN

➤ 8 aromatische Tomaten | 2 abgetropfte Mozzarellakugeln (à 125 g) | Salz | Pfeffer | 3 EL Olivenöl | einige Basilikumblättchen | Öl für die Grillschalen

1 | Tomaten waschen, trockenreiben und quer halbieren. Die Mozzarellakugeln in 16 Scheiben schneiden.

2 | Tomaten mit der Schnittfläche nach unten auf den eingeölten Grillschalen 8 Min. grillen. Wenden, mit Mozzarella belegen und weitere 5 Min. grillen. Salzen und pfeffern. Mit Olivenöl beträufeln und mit Basilikum garnieren.

mediterran
gut vorzubereiten

Kartoffeln mit Scamorza und Tomate

FÜR 4 PERSONEN

- 8 mittelgroße vorwiegend fest kochende Kartoffeln
- 3 Tomaten
- Salz | Pfeffer, frisch gemahlen
- 1 1/2 TL Oregano
- 250 g Scamorza (italienischer Räucherkäse, ersatzweise anderer Räucherkäse)
- Öl für die Folie
- 16 Zahnstocher

Zubereitung: 30 Min.
Grillen: 15 Min.
Pro Portion: ca. 240 kcal

1 | Kartoffeln waschen und in der Schale garen. Abkühlen lassen. Tomaten waschen, trockenreiben und in 16 Scheiben schneiden. Tomaten mit Salz, Pfeffer und Oregano bestreuen.

2 | Käse in 16 Scheiben schneiden, jede Scheibe quer halbieren. 8 Stücke Alufolie einfetten. Kartoffeln zweimal quer durchschneiden. Jede Kartoffel schichten: Kartoffelendstück, Käse, Tomate, Käse, Kartoffelmittelstück, Käse, Tomate, Käse, Kartoffelendstück. Von jeder Seite einen Zahnstocher hineinstecken, damit alles zusammenhält.

3 | Kartoffeln in Alufolie einwickeln. 15 Min. grillen, dabei einmal wenden.

- Beilage: Olivenbutter (Rezept, S. 11) oder Oliven
- Getränk: kräftiger Rotwein

orientalisch | preiswert

Veggiburger

FÜR 4 PERSONEN

- 2 Dosen Kichererbsen (à 265 g Abtropfgewicht)
- 3 EL Sesamsamen
- 1 große Zwiebel
- 2 Knoblauchzehen
- 1 EL Senf
- Salz | Pfeffer, frisch gemahlen
- 2 TL gemahlener Kreuzkümmel
- 4 Msp. Cayennepfeffer
- 50 g Semmelbrösel
- 2 EL Öl

Zubereitung: 25 Min.
Grillen: 8 Min.
Pro Portion: ca. 560 kcal

1 | Kichererbsen auf einem Sieb abtropfen lassen. Sesamsamen in der Pfanne trocken rösten. Zwiebel schälen und in Würfel schneiden. Knoblauch schälen und hacken.

2 | Kichererbsen, Sesam, Zwiebel und Knoblauch im Mixer pürieren. Mit Senf, Salz, Pfeffer, Kreuzkümmel und Cayennepfeffer kräftig würzen. Semmelbrösel in die Masse einarbeiten.

3 | Aus der Masse 8 Burger formen und rundum mit Öl bestreichen. Die Veggiburger pro Seite etwa 4 Min. grillen.

- Beilage: Fladenbrot, Brötchen, Tzatziki (S. 13), Grüne Sauce (S. 11), Chilisauce

im Bild vorne: Veggiburger *im Bild hinten:* Kartoffeln mit Scamorza und Tomate

für Gäste | gelingt leicht

Tomaten mit Ziegenkäse und Rucola

FÜR 4 PERSONEN

- **4 Fleischtomaten à 250 g**
- **Salz | Pfeffer, frisch gemahlen**
- **4 Scheiben Weißbrot (à etwa 20 g)**
- **2 Knoblauchzehen**
- **4 EL Olivenöl**
- **150 g fester Ziegenfrischkäse**
- **1/2 Bund Rucola**
- **Öl für die Alufolie**

Zubereitung: 30 Min.
Grillen: 20 Min.
Pro Portion: ca. 290 kcal

1 | Die Tomaten waschen und trockenreiben. Den oberen Teil abschneiden und als Deckel beiseite legen. Die Tomaten aushöhlen. Das Innere salzen und pfeffern. Die Tomaten umgedreht abtropfen lassen.

2 | Das Brot entrinden und in Würfel schneiden. Knoblauch schälen und fein hacken. Das Öl in einer Pfanne erhitzen, die Brotwürfel knusprig braten. Knoblauch dazugeben und kurz mitbraten.

3 | Den Ziegenkäse in kleine Würfel schneiden. Rucola waschen, putzen, trockenschütteln und fein zerkleinern. Käse und Rucola unter das Brot mischen. Salzen und pfeffern. 4 Stücke Alufolie einfetten.

4 | Mischung in die Tomaten füllen und den Deckel aufsetzen. Mit Alufolie einwickeln und 20 Min. grillen, zwischendurch wenden.

- Beilage: Blattsalat mit Senfvinaigrette
- Getränk: trockener Rosé oder Rotwein

fruchtig | für Gäste

Bananen mit Honig

FÜR 4 PERSONEN

- **50 g weiche Butter**
- **1 Päckchen Vanillezucker**
- **4 Msp. Zimt**
- **1 Spritzer Zitronensaft**
- **4 Bananen**
- **4 TL Akazienhonig**

Zubereitung: 30 Min.
Grillen: 10 Min.
Pro Portion: ca. 195 kcal

1 | Die Butter cremig rühren. Vanillezucker, Zimt und Zitronensaft untermischen. Kühl stellen.

2 | Die Bananen mit der Schale auf den Grillrost legen und 10 Min. grillen, zwischendurch wenden.

3 | Die Schale längs aufschneiden und vorsichtig auseinander ziehen. Die Banane mit Zimtbutter und Honig servieren.

- Beilage: Kokosgebäck

TIPP

Bananen flambiert

8 EL dunklen hochprozentigen Rum in einer Schöpfkelle erwärmen. Den Rum anzünden und über die Bananen gießen.

im Bild vorne: **Tomaten mit Ziegenkäse und Rucola** *im Bild hinten:* **Bananen mit Honig**

mediterran | herzhaft

Auberginentaler mit Oliven und Feta

FÜR 4 PERSONEN

- 1/2 Bund Thymian
  4 EL Zitronensaft
  5 EL Olivenöl
  Salz | schwarzer Pfeffer, frisch gemahlen
  2 Auberginen (à etwa 280 g)
  1 Bund glatte Petersilie
  50 g schwarze, entsteinte Kräuter-Oliven
  150 g Feta
  3 EL Joghurt
  Öl für die Grillschalen

Zubereitung: 35 Min.
Marinieren: 2 Std.
Grillen: 15 Min.
- Pro Portion: ca. 240 kcal

1 | Thymian waschen, trockenschütteln und die Blättchen fein hacken. Zitronensaft, Öl, Salz und Pfeffer verrühren. Auberginen waschen, putzen, trockenreiben und quer in insgesamt 40 Scheiben schneiden. Diese mit der Marinade bestreichen und 2 Std. ziehen lassen.

2 | Petersilie waschen, trockenschütteln und fein hacken. Oliven grob hacken. Den Feta zerdrücken. Joghurt, Oliven, Petersilie und Pfeffer unterrühren.

3 | Auberginen abtropfen lassen. 20 Scheiben mit der Käsemischung bestreichen und mit den restlichen Scheiben bedecken, leicht andrücken. Taler auf den geölten Grillschalen 15 Min. grillen, zwischendurch wenden.

- Beilage: Fladenbrot, Tzatziki
- Getränk: trockener Weißwein, z. B. Retsina

schnell | für Gäste

Gegrillter Radicchio mit Gorgonzolacreme

FÜR 4 PERSONEN

- 250 g Gorgonzola
  250 g saure Sahne
  2 TL Zitronensaft
  Salz | Pfeffer, frisch gemahlen
  2 EL gehackte Petersilie
  4 große feste Köpfe Radicchio | 12 EL Olivenöl

Zubereitung: 20 Min.
Grillen: etwa 8 Min.
- Pro Portion: ca. 600 kcal

1 | Den Gorgonzola, saure Sahne und Zitronensaft mit dem Pürierstab oder einer Gabel geschmeidig rühren. Salz, Pfeffer und Petersilie untermischen.

2 | Radicchio waschen, putzen, trockentupfen und längs halbieren. Öl mit Salz und Pfeffer verrühren. Radicchio außen und zwischen den Blättern mit Öl bestreichen und pro Seite 4 Min. grillen, dabei ab und zu mit dem Wendebesteck gegen den Rost drücken. Mit der Gorgonzolacreme servieren.

- Beilage: Grissinistangen, nach Belieben mit Parmaschinken umwickelt.
- Getränk: Prosecco

TIPP

Radicchio di Treviso

Der längliche Radicchio, auch Radicchio di Treviso genannt, eignet sich besonders gut zum Grillen.

im Bild vorne: **Auberginentaler mit Oliven und Feta** *im Bild hinten:* **Gegrillter Radicchio mit Gorgonzolacreme**

Abwechslung mit Spießen

Ob Fleisch, Fisch, Gemüse oder Pilze, mariniert und aufgespießt sind sie ein Augen- und Gaumenschmaus. Für das Aufspießen der einzelnen Stücke muss zwar etwas Zeit investiert werden, dafür ist das Wenden am Grill danach ganz unkompliziert. Geeignet sind herkömmliche Holz- oder Metallspieße, die knapp 20 cm lang sind. Die längeren Spieße aus Metall sind in der Regel etwa 30 cm lang.

Blitzrezepte

Wurst-Schaschlik mit Ketchupsauce

FÜR 4 PERSONEN

➤ 10 Schweinswürste (insgesamt 500 g) | 8 kleine Zwiebeln (insgesamt 250 g) | 150 ml Ketchup | 2 TL Senf | 1 TL edelsüßes Paprikapulver | 8 Schaschlikspieße

1 | Würste in mundgerechte Stücke schneiden. Zwiebeln schälen und vierteln. Alle Zutaten abwechselnd auf die Spieße stecken. Ketchup, Senf und Paprika zur Sauce verrühren.

2 | Spieße 8 Min. grillen, dabei wenden und nach 6 Min. mit 3 EL Sauce bestreichen. Restliche Sauce dazu reichen.

Brot-Käse-Spieße

FÜR 4 PERSONEN

➤ 250 g Toskanabrot | 200 g Käse (z. B. Manchego, Greyerzer) | 16 Cocktailtomaten | 4 EL Olivenöl | Öl für die Grillschalen | 8 Schaschlikspieße

1 | Brot und Käse in etwa 2,5 cm große Würfel schneiden. Tomaten waschen und trockenreiben. Brot, Käse und Tomaten auf die Spieße verteilen. Mit 2 EL Öl bestreichen.

2 | Die Spieße 8 Min. auf den eingeölten Grillschalen grillen, dabei öfters wenden. Die Spieße anrichten und mit restlichem Olivenöl beträufeln.

griechisch | für Gäste

Fischspießchen mit Zucchini

FÜR 4 PERSONEN

- 4 kleine Zucchini (insgesamt 400 g)
  600 g Tunfischfilets
  Zitronenmarinade (S. 9)
  8 frische Lorbeerblätter
  Salz | Pfeffer
  4 lange Spieße
  Öl für die Grillschalen

Zubereitung: 25 Min.
Marinieren: 30 Min.
Grillen: etwa 12 Min.
- Pro Portion: ca. 360 kcal

1 | Zucchini waschen, trockenreiben und in 1 cm dicke Scheiben schneiden. Fischfilets trockentupfen und in knapp 3 cm große Würfel schneiden.

2 | Fisch und Zucchini mit der Marinade mischen. Kühl gestellt und zugedeckt 30 Min. marinieren. Auf einem Sieb abtropfen lassen, dabei die Marinade auffangen. Fisch, Zucchini und Lorbeer abwechselnd auf die Spieße stecken.

3 | Spieße 10 Min. auf den gefetteten Grillschalen grillen, gelegentlich wenden und mit Marinade bestreichen. Zum Schluss 2 Min. direkt auf dem Rost von allen Seiten knusprig grillen. Mit Salz und Pfeffer würzen.

- Beilage: Weißbrot, Aioli (S. 10), Meerrettich-Kresse-Sauce (S. 11)
- Getränk: trockener Weißwein

Spezialität aus Thailand | scharf

Saté-Hähnchenspieße

FÜR 4 PERSONEN

- 1 Stück frischer Ingwer (walnussgroß)
  1 TL scharfes Currypulver
  2 EL Sojasauce
  1 EL Limettensaft (ersatzweise Zitronensaft)
  1 TL Rohrzucker
  2 EL Öl
  600 g Hähnchenbrustfilets ohne Haut
  Erdnuss-Sauce (S. 10)
  Salz | Pfeffer, frisch gemahlen
  12 Schaschlikspieße

Zubereitung: 30 Min.
Marinieren: 2 Std.
Grillen: 8 Min.
- Pro Portion: ca. 500 kcal

1 | Den Ingwer schälen und fein reiben. Ingwer, Curry, Sojasauce, Limettensaft, Rohrzucker und Öl verrühren. Hähnchenfilets waschen, trockentupfen und in 1/2 cm breite Streifen schneiden. Das Fleisch mit der Marinade mischen und mindestens 2 Std. kühl gestellt ziehen lassen.

2 | Die Erdnuss-Sauce zubereiten. Das Fleisch abtropfen lassen und ziehharmonikaartig auf die Spieße stecken. Die Spieße 8 Min. grillen, dabei häufig wenden. Das Fleisch salzen und pfeffern. Mit der Erdnuss-Sauce servieren.

- Beilage: Reis, Gurkensalat

im Bild vorne: Fischspießchen mit Zucchini *im Bild hinten:* Saté-Hähnchenspieße ➤

LIEGT IM GENUSS

mediterran | preiswert

Provenzalische Gemüsespieße

FÜR 4 PERSONEN

- 16 Champignons
- 1 gelbe Paprikaschote
- 2 kleine Zucchini
- 2 kleine Zwiebeln
- 16 Cocktailtomaten
- 5 Zweige Thymian
- 1 Zweig Rosmarin
- 8 EL Olivenöl
- Salz | Pfeffer, frisch gemahlen
- 2 TL Kräuter der Provence
- 8 Schaschlikspieße

Zubereitung: 30 Min.
Marinieren: 1 Std.
Grillen: 15 Min.
Pro Portion: ca. 215 kcal

1 | Die Champignons mit Küchenpapier putzen und die Enden abschneiden. Die Paprikaschote waschen, halbieren und putzen, dann vierteln und quer in breite Streifen schneiden. Die Zucchini waschen, putzen und in mundgerechte Stücke teilen. Zwiebeln schälen und vierteln. Die Tomaten waschen und mit Küchenpapier trockenreiben.

2 | Thymian und Rosmarin waschen und trockenschütteln. Die Blättchen und Nadeln von den Zweigen streifen und fein hacken. Olivenöl, Salz, Pfeffer, Kräuter der Provence, Thymian und Rosmarin unterrühren.

3 | 2 EL des Würzöls beiseite stellen. Gemüse, Zwiebeln und Pilze in eine Schüssel geben und mit dem restlichen Würzöl übergießen. Die Schüssel hin und her bewegen, so dass alles mit Würzöl überzogen ist. Das Gemüse 1 Std. marinieren.

4 | Das Gemüse, die Zwiebeln und die Pilze abwechselnd auf die Spieße stecken. Die Spieße 15 Min. grillen. Zwischendurch immer wieder wenden und die Spieße mit dem restlichen Würzöl bestreichen.

- Beilage: Baguette, Grüne Sauce (S. 11), Aioli (S. 10), Olivenbutter (S. 11)
- Getränk: trockener Rosé, kräftiger Rotwein

TIPPS

Rosmarinspieße

Wer einen Garten mit üppig wachsendem Rosmarin hat, schneidet 8 stabile Zweige ab und streift die Nadeln bis auf die oberen Spitzen ab. Das Holz des unteren Zweigendes mit einem Messer etwas anspitzen. Das Gemüse, die Pilze und die Zwiebeln auf die Rosmarinzweige stecken.

Für Knoblauchfans

Eine Knoblauchzehe schälen, durch die Presse drücken und unter das Würzöl rühren.

Spezialität aus Griechenland | herzhaft

Hackbällchen mit Paprika

FÜR 4 PERSONEN

- 1 Zwiebel
- 1 Knoblauchzehe
- 1 Bund Petersilie
- 100 g Feta
- 2 grüne Paprikaschoten
- 600 g gemischtes Hackfleisch
- 2 EL Magerquark
- Salz | Pfeffer, frisch gemahlen
- 1/2 TL Senf
- 2 EL frisch geriebener Parmesan
- 1 EL Olivenöl
- 4 lange Spieße

Zubereitung: 35 Min.
Grillen: 15 Min.
➤ Pro Portion: ca. 520 kcal

1 | Zwiebel schälen und fein würfeln. Knoblauch schälen und fein hacken. Petersilie waschen, trockenschütteln und hacken. Den Feta in 24 kleine Würfel schneiden. Paprikaschoten waschen, halbieren und putzen. Jede Hälfte in 6 Stücke schneiden.

2 | Hackfleisch mit Quark, Salz, Pfeffer, Senf, Petersilie, Zwiebel, Knoblauch und Parmesan mischen. Jeden Fetawürfel mit Fleischmasse umhüllen, Bällchen formen.

3 | Bällchen und Paprikastücke abwechselnd auf die Spieße stecken, mit Öl bestreichen. Spieße 15 Min. grillen, dabei immer wieder wenden.

➤ Beilagen: Fladenbrot, Tzatziki (S. 13), Oliven
➤ Getränke: trockener Weißwein

orientalisch
gut vorzubereiten

Puten-Kebab

FÜR 4 PERSONEN

- 1/2 Zwiebel
- 1 unbehandelte Zitrone
- 1 TL getrockneter Thymian
- 1 TL getrockneter Oregano
- 1/4 TL Zimtpulver
- 1 TL Tomatenmark
- 8 EL Olivenöl
- Salz | schwarzer Pfeffer
- 600 g Putenbrustfilet
- 2 kleine rote Zwiebeln
- 4 lange Spieße

Zubereitung: 25 Min.
Marinieren: 4 Std.
Grillen: 15 Min.
➤ Pro Portion: ca. 345 kcal

1 | Zwiebel sehr fein hacken. Zitronenschale abreiben, den Saft auspressen. Zwiebel, Thymian, Oregano, Zimt, Tomatenmark, Öl, Salz, Pfeffer, Zitronensaft und -schale verrühren.

2 | Putenbrust in Würfel schneiden, mit der Marinade mischen, 4 Std. marinieren.

3 | Rote Zwiebeln schälen und jeweils in 10 Spalten schneiden. Fleisch auf einem Sieb abtropfen lassen. Die Zwiebeln mit der abgetropften Marinade bestreichen. Fleisch und Zwiebeln abwechselnd auf Spieße stecken. 15 Min. grillen, dabei wenden.

➤ Beilage: Tzatziki (S. 13), Fladenbrot

TIPP – Lamm-Variante

Statt Putenbrust Lammfleisch aus der Keule nehmen.

im Bild vorne: **Hackbällchen mit Paprika** *im Bild hinten:* **Puten-Kebab** ➤

Grillparty-Ideen

Mediterranes Fest

Für 8 Personen:

Grilltomaten mit Mozzarella (S. 43, 4 Portionen)

Seeteufel mit Oliven-Kapern-Sauce (S. 33, 8 Portionen)

Schweinefilet mit Pesto (S. 21, 4 Portionen)

Rosmarin-Lammchops mit Olivenbutter (S. 22, 4 Portionen)

Provenzalische Gemüsespieße (S. 55, 4 Portionen)

Zum Apéritif

Bellini

Für 8 Gläser: 2 aromatische Pfirsiche mit kochend heißem Wasser überbrühen, kurz ziehen lassen und mit kaltem Wasser abbrausen. Pfirsiche häuten, entsteinen und das Fruchtfleisch pürieren. 4 EL Pfirsichlikör und 1/2 TL Zitronensaft unterrühren. Pfirsichpüree auf die Gläser verteilen und mit etwa 0,8 l gekühlten Prosecco aufgießen. Sofort servieren.

Karibische Fiesta

Kürbisspalten (S. 43, 4 Portionen)

Avocadodip (S. 10, 8 Portionen)

Garnelen mit Ingwer (S. 34, 4 Portionen)

Lachssteaks mit Papaya-Paprika-Sauce (S. 38, 8 Portionen)

Pikante Schweinesteaks (S. 22, 4 Portionen)

Karibisches Hähnchen (S. 28, 4 Portionen)

Zum Apéritif

Planter's Punch

Für 8 Gläser: 120 ml Zitronensaft (etwa 3 Zitronen), 540 ml Orangensaft (etwa 6 Orangen), 300 ml Ananassaft, 8 EL Zuckerrohrsirup (ersatzweise 8 EL Rohrzucker) und 300 ml braunen Rum verrühren. In jedes Glas 4 Eiswürfel geben und den Mix darauf gießen.

Barbecue-Party

Red Snapper auf Hawaii-Art (S. 34, 8 Portionen) oder Rinderfiletsteaks (S. 18, 8 Portionen)

Spareribs mit Barbecuesauce (S. 16, 4 Portionen)

Chicken Wings mit Honigkruste (S. 28, 4 Portionen)

Gegrillte Maiskolben (S. 12, 8 Portionen)

Grillkartoffeln (S. 12, 8 Portionen)

Zum Apéritif

Coconut Dream

Für 8 Gläser: 750 ml Ananassaft, 500 ml Orangensaft, 240 g Kokoscreme (aus der Dose), 200 g Sahne, und 160 ml Zitronensaft (etwa 4 Zitronen) mixen. In jedes Glas 3 Eiswürfel oder, noch besser, zerstoßenes Eis geben und die Mischung hineingießen. Nach Belieben 1/2 TL Grenadinesirup in jedes Glas gießen. Alle Zutaten vorher kühl stellen.

Dessert

Mascarponecreme

500 g Aprikosen überbrühen, häuten, entsteinen und vierteln. Mit 2 EL Zucker, 4 EL Zitronensaft und 6 EL Orangenlikör marinieren. 500 g Mascarpone, 1 1/2 Pck. Sahnesteif, 6 EL Puderzucker, 2 EL Zitronensaft und 1 EL Orangenlikör verrühren. Aprikosen mit Marinade auf 18 Löffelbiskuits (125 g) verteilen. Mit Mascarpone bestreichen, 2 Std. kühlen. Mit Amarettini garnieren.

Planung ohne Stress

1 Woche vorher: Getränke, Mozzarella und Würzzutaten einkaufen, Fisch bestellen

2 Tage vorher: Fleisch, Gemüse, Obst und Schinken einkaufen, Brot bestellen

1 Tag vorher: Oliven-Kapern-Sauce und Dessert zubereiten, Schweinefilets vorbereiten

4 Std. vorher: Gemüsespieße vorbereiten

1 Std. vorher: Lammchops und Fischfilets vorbereiten, Drink vorbereiten

Dessert

Exotischer Obstsalat

2 Mangos schälen, Fruchtfleisch in Spalten vom Stein schneiden. 1 große Ananas von Strunk und Schale befreien, längs vierteln, Mittelstück abschneiden. Das Fruchtfleisch in mundgerechte Stücke schneiden. Früchte mit 4 EL Limettensaft und 3 EL Rohrzucker marinieren. Mit Kokosraspeln bestreuen.

Oder Bananen vom Grill (S. 46) zubereiten.

Planung ohne Stress

1 Woche vorher: Getränke und Würzzutaten einkaufen, Garnelen und Fisch bestellen

2 Tage vorher: Fleisch, Hähnchen, Gemüse und Obst kaufen, Brot bestellen

1 Tag vorher: Schweinesteaks marinieren

4 Std. vorher: Papaya-Sauce, Obstsalat zubereiten, Garnelen und Fruchtsaft-Rum-Mix vorbereiten

1 Std. vorher: Avocadodip zubereiten, Fisch vorbereiten

Dessert

Cheese-Cake

150 g zerbröselte Nusskekse mit 60 g weicher Butter verkneten, in eine gefettete Form (24 cm Ø) drücken. 30 Min. kühl stellen. 400 g Doppelrahmfrischkäse, 200 g saure Sahne, 125 g Zucker, 3 EL Zitronensaft und 3 Eigelbe cremig rühren. 3 EL Speisestärke und 1/2 TL Backpulver mischen und unterrühren. 3 Eiweiße zu Schnee schlagen, unterheben. Creme auf den Boden streichen. Kuchen bei 180° 50 Min. backen.

Planung ohne Stress

1 Woche vorher: Getränke und Würzzutaten einkaufen, Fisch und Fleisch bestellen

2 Tage vorher: Gemüse einkaufen,
Brot bestellen

1 Tag vorher: Mangosauce kochen, Spareribs vorbereiten, Steaks und Hähnchenflügel marinieren, Kuchen backen

4 Std. vorher: Kartoffeln und Mais vorbereiten

1 Std. vorher: Drink und Fisch vorbereiten

Die Autorin

Kochen und Backen begeisterten Annette Heisch schon immer und so machte sie nach dem Studium der Oecotrophologie die Themen rund um Essen und Trinken zum Mittelpunkt ihres Berufs. Nach langjähriger Redaktionstätigkeit bei bekannten Frauen- und Foodzeitschriften ist sie seit 1995 in München als Kochbuchautorin und freie Fachjournalistin tätig. Ihre Schwerpunkte: unkomplizierte, schnelle Gerichte, gesunde, genussreiche Fitkost, Länderküche und Warenkunde.

Die Fotografin

Brigitte Sauer arbeitet nach einer abgeschlossenen Fotografenlehre und verschiedenen Assistenzen seit 1995 als selbstständige Fotografin für verschiedene Verlage, Zeitschriften und die Werbung. Ihr Hauptbetätigungsfeld liegt in den Bereichen Food und Lifestyle.

Hinweis

Die Temperaturstufen bei Gasherden variieren von Hersteller zu Hersteller. Welche Stufe Ihres Herdes der jeweils angegebenen Temperatur entspricht, entnehmen Sie bitte der Gebrauchsanweisung.

Bildnachweis

FoodPhotographie Eising, Martina Görlach: Titelfoto
Stockfood: S. 4 l., 2. v. li; S. 5 o. re, 2. v. li; S. 7 l. u. 2.
Webergrill: S. 4, 2. v. re
petra electric: S. 4 re
Alle anderen: Brigitte Sauer, Nürnberg

Redaktionsleitung:
Birgit Rademacker
Redaktion:
Stefanie Poziombka
Lektorat: Bettina Bartz
Satz: Verlagssatz Lingner
Layout, Typografie und Umschlaggestaltung:
Independent Medien Design, München
Herstellung:
Helmut Giersberg
Reproduktion:
Repro Schmidt, Dornbirn
Druck und Bindung:
Druckhaus Kaufmann, Lahr

ISBN 3-7742-4905-9

Auflage 5. 4. 3.
Jahr 2006 05 04 03

Das Original mit Garantie

Ihre Meinung ist uns wichtig. Deshalb möchten wir Ihre Kritik, gerne aber auch Ihr Lob erfahren. Um als führender Ratgeberverlag für Sie noch besser zu werden. Darum: Schreiben Sie uns! Wir freuen uns auf Ihre Post und wünschen Ihnen viel Spaß mit Ihrem GU-Ratgeber.

Unsere Garantie: Sollte ein GU-Ratgeber einmal einen Fehler enthalten, schicken Sie uns das Buch mit einem kleinen Hinweis und der Quittung innerhalb von sechs Monaten nach dem Kauf zurück. Wir tauschen Ihnen den GU-Ratgeber gegen einen anderen zum gleichen oder ähnlichen Thema um.

Ihr Gräfe und Unzer Verlag
Redaktion Kochen
Postfach 86 03 25
81630 München
Fax: 089/41981-113
e-mail: leserservice@graefe-und-unzer.de

Geling-Garantie fürs Grillvergnügen

ZEITPLAN

- Beginnen Sie rechtzeitig mit dem Anfeuern des Grills. Eine gute Glut auf dem Holzkohlengrill benötigt mindestens 30 Min.
- Beilagen mit längerer Garzeit, zum Beispiel Kartoffeln, rechtzeitig vorbereiten und auf den Rost legen.
- Beim Fleisch erst die Stücke mit kurzer Garzeit grillen, dann sind die Gäste erst mal versorgt.

HYGIENE

- Rohes Grillgut erst kurz vor dem Grillen aus dem Kühlschrank nehmen.
- Fertig Gegrilltes nicht wieder auf die Platte legen, auf der das rohe Grillgut lag.
- Besondere Vorsichtsregel bei Geflügel: Die Marinade, die mit dem rohen Fleisch in Kontakt war, nach dem Marinieren wegwerfen. Das Geflügel mit vorher beiseite gestellter Marinade bestreichen.

MARINIEREN

- Die Marinierzeit sollte bei Fisch nur kurz sein, in den meisten Fällen genügen 30 Min.
- Robustes Fleisch wie Steaks, Spareribs oder Koteletts können bereits am Vortag mariniert werden.
- Zartere Stücke wie Filets nicht länger als 4 Std. marinieren.
- Mariniertes Grillgut mit Frischhaltefolie zudecken und kühl stellen.

SICHERHEIT

- Den Grill auf einen festen Untergrund stellen.
- Niemals flüssige Holzkohleanzünder auf die bereits angezündeten Kohlen gießen, Stichflammengefahr!
- Keinen Spiritus verwenden.
- Grill nie unbeaufsichtigt lassen.
- Stets einen Eimer mit Wasser bereitstellen.